AF542638

NAÏS,

BALLET-HÉROÏQUE,

AVEC UN PROLOGUE,

REPRÉSENTÉ,

POUR LA PREMIERE FOIS,

PAR L'ACADEMIE-ROYALE
DE MUSIQUE

Le Mardi 22 Avril 1749,

Et remis au Théâtre le Mardi 7 Août 1764.

PRIX XXX. SOLS.

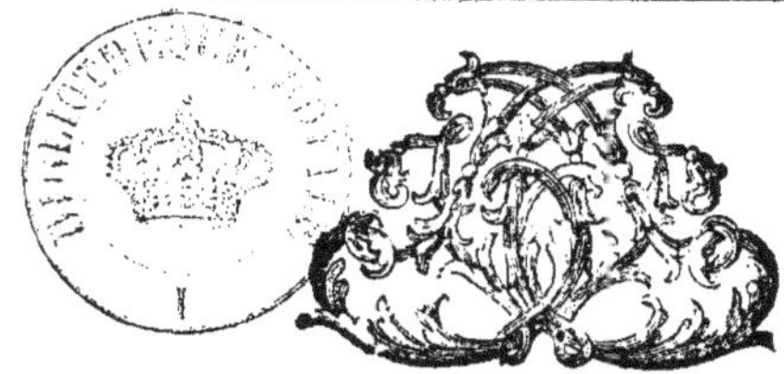

AUX DÉPENS DE L'ACADÉMIE.

A PARIS, Chés DE LORMEL, Imprimeur de ladite Académie, rue du Foin, à l'Image Sainte Genevieve.

On trouvera des Livres de Paroles à la Salle de l'Opera.

M. DCC. LXIV.

AVEC APPROBATION ET PRIVILEGE DU ROI.

Le Poëme est de feu M. DE CAHUSAC.

La Musique est de M. RAMEAU.

ACTEURS CHANTANTS
DANS LES CHŒURS.

Côté du Roi.		Côté de la Reine.	
Mesdemoiselles.	*Messieurs.*	*Mesdemoiselles.*	*Messieurs.*
Durand.	Chicot.	d'Alliere.	l'Ecuyer.
Guillaume.	Vaudemont.	Masſont.	Albert.
Lacroix.	Héry.	Lachantrie.	Tourcaty.
Fontenet.	Scelle.	Salaville.	Cailteau.
Delor.	Rose.	Adélaïde.	Chappotin.
Beauvais.	Robin.	Héry.	Feret.
Thevenot.	Antheaume.	d'Agée.	Duperrier.
Barrage.	Marcou.	Jouette.	Boy.
Advenier.	Huet.	Legrand.	Laurent.
	Lacroix.		Dewailli.

NAÏS, dont la voix & les traits enchanteurs sont célebres dans la Fâble, donna le jour & son nom à ces Nimphes des eaux, qui ont été appellées Naïades. Les Mithologistes se taisent sur sa naissance; ainsi on a cru pouvoir la faire descendre de Tiréfie, qui, outre Manto la Fée, dont parle Virgile, eut encore plusieurs enfants, dont on ignore l'histoire.

Tiréfie perdit la vue, par la colère de Junon: il en fut dédomagé par les bienfaits de Jupiter. Les Poëtes en parlent comme du plus fameux devin de la Grece: il avoit, disent-ils, une intelligence parfaite du langage de tous les animaux, & il prédisoit l'avenir sur le chant des oiseaux, qu'il entendoit comme sa langue naturelle; ils le font vivre sept fois plus que les autres hommes, &c.

Les Jeux Isthmiques, Isiniens ou Isméens, étoient aussi solemnels dans la Grece que les jeux Olimpiques même. Ils furent institués dans l'Isthme de Corinthe, en l'honneur de Neptune, à qui ce séjour étoit spécialement consacré. Tous les peuples de la Gréce * venoient y admirer les combats

* A l'exception des Eléens.

du Ceſte, de la Lutte, &c. il y avoit encore des prix deſtinés pour la Courſe & pour la Danſe.

Ce ſpectacle fait une des principales parties de cet ouvrage. On a eſperé qu'il ſeroit agréable à une nation, auſſi polie & auſſi inſtruite que les peuples fameux de qui on l'a emprunté.

On ne parle point du Prologue : les circonſtances en ont fait naître l'idée.

ACTEURS DU PROLOGUE.

JUPITER,	Mr. L'arrivée.
NEPTUNE,	Mr. Dupar.
PLUTON,	Mr. Durand.
POMONE,	Mlle. Dubois.

DIEUX & DÉÈSSES *du Ciel.*

DIEUX & DÉÈSSES *de la Terre.*

TITANS & GÉANTS.

NIMPHÈS *de la suite de* POMONE.

PEUPLES *de la Terre.*

PERSONNAGES DANSANTS.

PAN, Mr. LYONNOIS.

FLORE, Mlle. GUIMARD.

ZÉPHIR, Mr. LEGER.

EUROPÉENS.

Mrs. Leroi, Fay. Mlles. Daché, Mimi.

ASIATIQUES.

Mrs. Trupty, Dossion. Mlles. St. Lo, Julie.

AFRICAINS.

Mrs. Liesse, Martinet. Mlles. Contat, Marcilly.

AMÉRICAINS.

Mrs. Lani, l. Olivier. Mlles. Bouscarelle, Riviere.

L'ACCORD DES DIEUX,
PROLOGUE.

Le Théâtre représente des rochers. On voit les Titans & les Géants, qui entâssent les monts, pour escalader les cieux. Ils sont conduits par la Discorde & la Guerre. Dans les airs, on découvre Jupiter, armé du foudre, & entouré des Dieux du ciel.

L'ouverture est un bruit de guerre, qui peint les cris & les mouvements tumultueux des Titans & des Géants.

SCENE PREMIERE.

JUPITER, *dans les airs, avec les* DIEUX *du* CIEL. *La* DISCORDE *& la* GUERRE, *les* TITANS *& les* GÉANTS, *sur la terre.*

CHŒUR de TITANS *& de* GÉANTS.

ATtaquons les cieux,
Bravons le tonnerre;

Maîtres de la terre,
Détrônons les Dieux.

JUPITER.

Ah! ſans des flots de ſang, impitoyable Guerre,
Ne peut-on éteindre tes feux?

CHŒUR de DIEUX.

Lancés, lancés la foudre,
Tonnés, précipités des ennemis jaloux.
Qu'ils ſoient réduits en poudre;
Qu'ils tombent ſous vos coups.
Lancés, lancés la foudre.

(*Pendant ce Chœur, le tonnerre gronde, la foudre éclate, elle terraſſe les Titans, & renverſe ſur les Géants les monts qu'ils avoient entâſſés. Neptune, Pluton, & les Dieux de leur ſuite viennent en foule ſur le Théâtre, & achevent de renverſer cette troupe rebelle.*)

SCÊNE

SCÊNE II.

JUPITER, *Dieux du Ciel dans les airs.*
NEPTUNE, *Suite, ſur le devant du Théâtre.*
PLUTON, *qui ſaiſit la* Discorde *& la* Guerre.

PLUTON.

ARrêtés, monſtres, arrêtés,
Expïés dans les fers votre rage barbare.
Que n'êtes-vous précipités
Dans les abîmes du Ténare !

(*PLUTON, enchaîne la* Guerre *& la* Discorde, *pendant le commencement du Chœur qui ſuit, & il s'y joint enſuite.*)

NEPTUNE, Chœur de Dieux, Pluton *s'y joint.*

Trïomphe, o Jupiter ! redoutable vainqueur,
Regne, donne des loix à tout ce qui reſpire.
Les Dieux te déferent l'empire ;
Qu'il ſoit le prix de la valeur.

JUPITER.

Je n'ai point combattu pour vous donner des fers.

De notre amitié mutuëlle
Qu'un accord glorïeux ſoit le gage fidele :
Partageons entre nous le ſoin de l'Univers.
Je regne dans les cieux, ſur la terre & les airs ;
Que Neptune regne ſur l'onde.

(*à* NEPTUNE.)

Va calmer les fureurs & des vents & des mers :
Qu'aux travaux des humains tes tréſors ſoient ouverts ;
Que le flambeau des arts brille aux deux bouts du monde.

NEPTUNE.

Je vole où m'appelle ton choix :
Tu trïomphes des cœurs, ta gloire eſt ton ouvrage.
Regle le ſort des Dieux, donne au monde des rois ;
Il eſt plus glorïeux d'en faire le partage,
Que de lui diſpenſer des loix.
Je vole où m'appelle ton choix :
Tu trïomphes des cœurs, ta gloire eſt ton ouvrage.

(NEPTUNE *va prendre poſſeſſion de l'empire des mers.*)

SCENE III.

LES ACTEURS PRÉCÉDENTS, *hors* NEPTUNE.

JUPITER.

AU fond des gouffres éternels,
Pluton, cours enchaîner la Discorde & la Guerre :
Dieu juste, sois l'espoir & l'effroi des mortels ;
Regne, avec la vengeance, au centre de la terre.

PLUTON.

Il faut qu'un pouvoir rigoureux,
Soit l'appui de la paix, dont le regne commence.
Je ferai le vengeur de la terre & des cieux,
Sois leur amour par ta clémence.
Mon bras punit & récompense,
Fiers tirans, frémissés d'effroi !
Il est un jour pour la vengeance.

(*à la* DISCORDE *& à la* GUERRE.)

Monstres odïeux, suivés-moi.

Respire, timide innocence :
L'aile du tems détruit une affreuse puissance ;
Je suis immortel comme toi.

(*Il se précipite dans les entrailles de la terre, avec la* DISCORDE *& la* GUERRE.)

SCENE IV.

JUPITER, DIEUX DU CIEL.

JUPITER.

NE craignés plus le bruit des armes,
Dieux de la terre, accourés tous :
Et vous, peuples, cessés de répandre des larmes ;
Je n'ai combattu que pour vous.

SCÊNE V.

JUPITER, DIEUX DU CIEL, *dans les airs :*
POMONE, DIEUX & DÉESSES *de la terre, Peuples de diverses Nations, sur le Théâtre.*

CHŒUR de DIEUX du ciel & de la terre, & de Peuples.

HEureux vainqueur, le ciel, la terre & l'onde,
Ne doivent leur bonheur qu'à tes soins gloriëux.
L'accord des Dieux
Donne la paix au monde.

(*Entrée de différents peuples de la terre.*)

POMONE.

Ah, que la paix nous promet de douceurs!
Le calme va régner dans l'empire de Flore,
Et le plaiſir dans tous les cœurs.

Le doux printems renaît, ſans nous couter des pleurs;
Chaque nouvelle aurore
Nous allons voir éclore
Autant d'amours que de fleurs.

On danſe.

POMONE.

Faites régner les jeux, répandés la lumière.
Brillés de mille attraits nouveaux,
Beaux arts, ranimés vos travaux.

La paix vous ouvre la barrière:
Rempliſſés, au ſein du repos,
La plus éclatante carrière.

On danſe.

(*JUPITER, & les Dieux & Déèſſes qui l'entourent, remontent dans les Cieux. Les Dieux & les peuples de la terre chantent pendant ce tems le chœur ſuivant, ſur lequel on danſe.*)

CHŒUR de Dieux & de peuples de la terre.

Heureux vainqueur, le ciel, la terre & l'onde,
Ne doivent leur bonheur qu'à tes ſoins glorïeux!

L'accord des Dieux
Donne la paix au monde.

FIN DU PROLOGUE.

ACTEURS.

NAÏS, *Nimphe du sang de Tirésie.*	Mme. L'Arrivée.
NEPTUNE,	M^r^. Legros.
PALÉMON,	M^r^. Durand.
TÉLÉNUS, *Chef des Peuples de Corinthe, amant de* NAÏS.	M^r^. Gélin.
ASTÉRION, *Chef des pasteurs de l'Isthme, amant de* NAÏS,	M^r^. Dupar.
TIRÉSIE,	M^r^. L'Arrivée.
UNE BERGERE,	Mlle. Bernard.
UNE JEUNE BERGERE, *dansante & chantante*,	Mlle. Lani.

PROTÉE.

DIVINITÉS DES MERS, *déguisées en Matelots.*

TRITONS & NÉRÉIDES.

PEUPLES *de Corinthe.*

PEUPLES *de l'Isthme.*

PEUPLES *de Grece.*

BERGERS, BERGERES & PASTRES.

PERSONNAGES DANSANTS.

ACTE PREMIER.

Premier Divertiſſement.

ATHLETES POUR LA LUTTE.

M. LAVAL.

M. GARDEL, M. RIVIERE.

ATHLETES POUR LE CESTE.

Mrs. ROGIER, LEGER.

CORINTHIENS & CORINTHIENNES.

M. VESTRIS.

Mlles. Gaudot, Lacroix, Adélaïde, Grandi.

Mrs. Trupty, Lani, 1., Henri, Leroi, Fay, Olivier, Lani, 2., Lani, 3.

Mlles. St Martin, Périn, d'Ornet, Pagès, Mimi, Thélis, Mercier, Larie.

Second Divertiſſement.

DIVINITÉS DES MERS, déguiſées en Matelots.

Mr. BÉATE, Mlle. PESLIN.

Mlle. GRANDI.

Mrs. Dubois, Gougi, Cezeron, Doſſion, Lieſſe, Martinet.

Mlles. Baſſe, Saron, Lahaie, Villette, Buard, Cornu.

ACTE

ACTE SECOND.

BERGERS & BERGERES.

Mlle. LANI, Mr. GARDEL.

Mrs. Rogier, Gougi, Riviere, Leroi, Fay, Martinet.

Mlles. Saron, Buard, Gaudot, Grandi, Pagès, Thélis.

PASTRES.

Mr. LANI, Mlle LYONNOIS.

Mrs. Cezeron, Dossion, Liesse.

Mlles. Lahaie, Lacroix, Adélaïde.

ACTE TROISIEME.

TRITONS & NÉRÉIDES.

Mlle. ALLARD.

M. VESTRIS, Mlle. VESTRIS.

M^rs^. LEGER, DUBOIS.

Mlles. LACROIX, ADÉLAÏDE.

M^rs^. Trupty, Rogier, Lani, 1., Gougi, Riviere, Henri, Leroi, Fay, Lieſſe, Olivier, Lani, 2., Martinet.

Mlles. Rei, Baſſe, St Martin, Petitot, Gaudot, Buard, Périn, d'Ornet, Lavau, Julie, Mercier, Larie.

NAÏS,

BALLET-HÉROÏQUE.

ACTE PREMIER.

Le Theâtre représente le rivage de l'Isthme de Corinthe, où doivent se célébrer les jeux Isthmiques. D'un côté sont des bois, de l'autre, partie des murailles de Corinthe ; la mer est dans le fond.

(L'Acte commence au jour naissant.)

SCENE PREMIERE.

NEPTUNE, *sous un habit Grec.*
PROTÉE, SUITE DE NEPTUNE, PALÉMON, *déguisé comme* NEPTUNE.

NEPTUNE.

QUE ces paisibles bords, que ces bois sont charmants !
Que j'aime la douceur de l'air qu'on y respire !
(*Il donne son trident à* PROTÉE.)

(*à ſa Suite.*)

Suivés Protée, allés, rentrés dans mon empire :
Vous paroîtrés bien-tôt ſous les déguiſements
Qu'il aura ſoin de vous preſcrire.

SCÊNE II.

NEPTUNE, PALÉMON, *déguiſés.*

NEPTUNE.

PAlémon, l'Amour eſt vengé.
Que je ſuis amoureux ! que mon cœur eſt changé !

Je ne ſuis plus ce Dieu volage
Auſſi léger que les zéphirs.

Le charme vainqueur qui m'engage
Eſt un penchant plus vif, plus doux que les deſirs.

Je ne ſuis plus ce Dieu volage,
Auſſi léger que les zéphirs.

J'aime ma langueur, mes ſoupirs,
Et j'adore mon eſclavage :
Les feux dont j'ai brûlé, ſont à-peine l'image
De ma flâme & de mes plaiſirs.

Je ne ſuis plus, *&c.*

PALÉMON.

Sans amour, empreſſé de plaire,
Vous fuyiés l'ombre & le miſtère;
Le Dieu s'applaudiſſoit des ſuccès de l'amant.
Pourquoi, ſous ce déguiſement,
Cacher une flâme ſincere?

NEPTUNE.

J'en rougis... Le dirai-je?.. à l'objet de mes feux
Je crains de me faire connoître.
Je n'ai jamais formé que de volages nœuds;
Quand je deviens, hélas! le plus conſtant des Dieux,
Puis-je eſpérer de le paroître?
Qu'il eſt cruël & dangereux
De pâſſer pour léger, quand on cèſſe de l'être!

PALÉMON.

Eh, quels ſont les appas vainqueurs?..

SCÈNE III.

NAÏS, *qu'on entend & qu'on ne voit point encore*,
NEPTUNE & PALÉMON, *déguisés*.

NAÏS, qu'on ne voit point.

ACcourés à ma voix, volés jeux enchanteurs,
Rassemblés-vous sur ce rivage.

NEPTUNE.

Dieux, quels accents flateurs!...
Viens, écoutons.

(*NEPTUNE & PALÉMON se retirent à un des côtés du Théâtre, pour écouter NAÏS, sans être vus.*)

NAÏS, qui traverse le Théâtre.

Les cieux brillants & sans nüage,
Peignent déja les mers de leurs vives couleurs:
Les premiers feux du jour sous ce naissant feuillage
Raniment le parfum des fleurs.
Accourés à ma voix, volés, jeux enchanteurs,
Rassemblés-vous sur ce rivage.

(*Elle entre dans la partie du bois oppôsée à celle dont elle est sortie.*)

SCÈNE IV.

NEPTUNE, PALÉMON, *déguifés.*

NEPTUNE.

HÉlas ! peut-on l'entendre, & ne la pas aimer ?

PALÉMON.

Par fes divins accents Naïs fait tout charmer :
Mille amants, fans lui plaire, ont foupiré pour elle.
Que vous aurés de gloire à l'enflâmer,
Et qu'il lui fera doux de vous rendre fidele !

NEPTUNE.

Sans fuite & fans deffein, je parcourois ces lieux :
J'entendis dans les airs fes chants mélodieux.
J'accourus... Que d'attraits !. En me voyant paroître
Son trouble accrut encor l'éclat de fes beaux yeux.

Elle me fuit, fans me connoître ;
Mais un regard victorieux
Acheva d'allumer les feux
Que fes accents avoient fait naître.

PALÉMON.

Au plus illuftre fang la Nimphe doit le jour ;
Elle ordonne les jeux que l'Ifthme vous apprête.

Avec l'éclat d'un Dieu paroissés à la fête,
Faites parler pour vous & la gloire & l'amour.

NEPTUNE.

Non, non, je ne serois que respecté, peut-être;
J'aspire au bonheur d'être aimé.
L'amour seul peut flater un cœur qu'il a charmé.
Suis-moi: je dois encor pour un tems disparoître.

SCÈNE V.

NAÏS, *seule.*

Tendres oiseaux, éveillés-vous,
Chantés: votre bonheur renaît avec l'aurore.
Si l'amour vous ravit au repos le plus doux,
C'est pour vous prodiguer des biens plus doux encore;
Ses peines ne sont que pour nous.
Tendres oiseaux, éveillés-vous,
Chantés: votre bonheur renaît avec l'aurore.

SCÈNE VI.

TÉLÉNUS, NAÏS.

TÉLÉNUS.

AVant que le Soleil ſorte du ſein des eaux,
Je vole ſur vos pas, je préviens mes rivaux;
Je penſe à vous quand tout ſommeille.
Eſt-ce pour des tourments nouveaux
Que l'amour jaloux me réveille?

NAÏS.

J'ai trop connu, par vos ſoupirs,
Les rigueurs de l'amour, & le poids de ſes chaînes.
Vous me faites craindre ſes peines,
Sans méclairer ſur ſes plaiſirs.

TÉLÉNUS.

Ingrate! vos dédains ſont le prix de mes larmes.
L'amour de votre cœur ne peut troubler la paix,
Et pour mieux triompher, il ſe ſert de vos charmes.
Il devoit vous donner, pour l'honneur de ſes armes,
Un cœur plus tendre, ou moins d'attraits.

NAÏS.

Si je ne puis aimer, n'ayés donc plus d'allarmes.

Vous avés des rivaux, aussi tendres que vous :
Je vois des mêmes yeux & leur flâme & la vôtre.
Si je soupirois pour un autre,
Jouïriés-vous d'un sort plus doux ?

TÉLÉNUS.

Je le verrois du-moins expirer sous mes coups.
(*On entend le prélude de la fête.*)

NAÏS.

On vient. De vos fureurs calmés la vïolence :
Ne troublés point nos jeux par vos transports jaloux :
Rien n'appaîseroit mon couroux ;
Et je sais haïr qui m'offense.

(*Entrée des différents Personnages, qui doivent former les Jeux Isthmiques.*)

SCÈNE VII.

NAÏS, TÉLÉNUS, ASTÉRION, *Suite de Peuples de Corinthe, de l'Isthme, & de Grece.*

ASTÉRION, à NAÏS.

QUe ce jour, consacré par la reconnoissance,
Est cher à mon cœur amoureux !

Neptune fait régner la paix dans ces beaux lieux,
Nous venons, avec vous, célébrer sa puissance :
Nimphe, du sein des mers, ce Dieu verra nos jeux
S'embellir par votre présence.

NAÏS.

Peuples, d'un Dieu puissant mérités les bienfaits.
Nos jeux vont vous ouvrir les chemins de la gloire :
Jouïssés des honneurs que promet la victoire,
Sans cesser de jouïr des douceurs de la paix.

TÉLÉNUS, NAÏS, ASTÉRION, CHŒUR.

Chantons le Dieu des eaux, qu'à nos voix tout réponde.
Que nos accords harmonïeux,

Grand Chœur. } Percent les abîmes de l'onde.
Petit Chœur. } S'élévent jusqu'aux cieux.

(Naïs se place sur un Trône, qui est à un des côtés du Théâtre.)

BALLET FIGURÉ.

Dispute du Prix du Ceste & de la Lutte.

(Ce Ballet commence par des Athletes qui viennent disputer le prix de la Lutte. Ce pas est coupé par de nouveaux Athletes, qui disputent le prix du Ceste. Des Corinthiens disputent ensuite le prix de la Danse : Naïs couronne les vainqueurs.)

SCÊNE VIII.

(*Une ſimphonie brillante ſe fait entendre. On voit ſur la mer des barques légeres & galantes.*)

(*Les Divinités de la mer, déguiſées en Matelots, paroiſſent ſur ces barques.* PROTÉE & PALÉMON, *déguiſés, ſont à leur tête.*)

NAÏS, TÉLÉNUS, ASTÉRION,
Peuples de Grece & de Corinthe.

PROTÉE, PALÉMON, DIVINITÉS DE LA MER,
ſous leurs déguiſements.

NEPTUNE, *déguiſé, qui paroît ſur la fin du Chœur ſuivant.*

CHŒUR de DIVINITÉS de la mer, déguiſées.

(Encore ſur les Vaiſſeaux.)

CHantons Naïs, chantons le Dieu des mers :
De leurs noms glorïeux que l'onde retentiſſe.

TÉLÉNUS, NAÏS, ASTÉRION.

Ciel, quel ſpectacle ! quels concerts !

CHŒUR.

Chantons Naïs, chantons le Dieu des mers ;
De leurs noms glorïeux que l'onde retentiſſe.
Qu'ils éclatent dans les airs ;
Qu'à-jamais l'écho les uniſſe.

(Pendant ce Chœur, les Divinités de la mer débarquent, NEPTUNE paroît à leur tête.)

NAÏS, à part, en appercevant NEPTUNE.

C'eſt lui-même. . . Ah ! cachons le penchant dangereux. . .
(Haut, à NEPTUNE.)
Sur ces paiſibles bords quel deſſein vous appelle ?
Par de coupables chants pourquoi troubler nos jeux ?
Oſés-vous à Neptune, à ſon nom glorïeux,
Unir le nom d'une mortelle.

NEPTUNE.

Tout céde au charme de vos yeux,
Et ce noble couroux vous rend encor plus belle.
Dans ces jeux ſolemnels, vos chants mélodïeux
Brillent d'une beauté nouvelle.

Quand on chante ſi bien les Dieux,
On doit jouïr, comme eux,
D'une gloire immortelle.

TÉLÉNUS, à part.

O ! contrainte cruëlle !

NEPTUNE.

C'eſt la fête du Dieu des eaux
Qui nous conduit ſur ce rivage.
Il a ſecondé nos travaux,
Nimphe, ſouffrés que notre hommage
Éclate par des jeux nouveaux.

(*Ballet des* DIVINITÉS *des mers, déguiſées.*)

NEPTUNE.

Au Dieu des mers voulés-vous plaire ?
De l'Amour dans vos jeux peignés tous les appas:
Que ſa flâme anime vos pas.
Qu'il regne ſur ces bords, comme il regne à Cithere.

Les reſpects que l'on rend aux Dieux,
Les flatent bien moins qu'on ne penſe.

C'eſt la crainte qui les encenſe ;
Et l'amour ſeul eſt digne d'eux.

Au Dieu des mers, &c.

TÉLÉNUS, bas à NAÏS.

Quoi ! vous ſouffrés qu'un téméraire...

NAÏS.

Craignés de m'irriter.

TÉLÉNUS.

Je pars, pour ne pas éclater ;
Mais qu'il redoute ma colere.

(*Il sort.*)

SCÈNE IX.

LES ACTEURS *de la Scène précédente*, *hors* TÉLÉNUS.

(*Le Ballet reprend.*)

LE CHŒUR.

REgne, trïomphe, Dieu des mers !
Écoute nos chants de victoire.
Que nos jeux, à-jamais, instruisent l'univers
De notre amour & de ta gloire.

FIN DU PREMIER ACTE.

ACTE SECOND.

Le fond du théâtre repréſente une coline agréable, au pié de laquelle on voit l'entrée d'une Grotte. Les deux cotés du théâtre repréſentent des arbres ſans ſimétrie & mélés de fleurs,

SCÈNE PREMIERE.

NAÏS, NEPTUNE, *déguiſé.*

NAÏS.

AH, ne me ſuivés point.

NEPTUNE.

Quelle injuſte défenſe!

NAÏS.

Un inconnu pourroit troubler, par sa présence,
Le repos de ces lieux charmants.
Dans ce rïant séjour le divin Tirésie
Rassemble autour de lui les plaisirs innocents.
C'est ici qu'il jouït, malgré le poids des ans,
Des doux loisirs d'une paisible vie.

NEPTUNE.

Du plus sombre avenir le voile ténébreux
Devant lui tombe, ou se déchire.
La nature & le sort se plaisent à l'instruire
Des prodiges secrèts qu'ils cachent, même aux Dieux.
Vous devés la naissance à son sang glorïeux,
Et dans mon cœur, sans-doute, il pourra lire.

NAÏS.

Le destin se reserve un don si précïeux.
On peut se parer, sans rien craindre,
Des dehors les plus séducteurs:
On n'a point trouvé l'art de lire dans les cœurs:
Les mortels seroient trop à plaindre.

NEPTUNE.

Mon sort seroit moins rigoureux.
Qu'aurois-je à craindre de vos yeux,
S'ils pouvoient pénétrer jusqu'au fond de mon âme?

Hélas ! pour la plus pure flâme,
Qu'aurois-je à craindre de vos yeux?

NAÏS, bas.

Ciel ! qu'entends-je ? . . .

NEPTUNE.

L'Amour, dont je bravois l'empire,
Enflâme mon cœur, pour-jamais :
Vous voyés, malgré moi, les transports qu'il m'inspire.
Je m'expôse peut-être aux plus cruëls regrèts ;
Mais j'en tais cent fois plus que je n'en ôse dire.

NAÏS.

On croit devoir à nos appas
Un hommage, ou feint, ou sincere :
Si vous semés quelques fleurs sur nos pas,
Leur éclat ne dure guere :
Vos cœurs volages n'aiment pas,
Tous vos vœux se bornent à plaire.

NEPTUNE.

Ah ! ma flâme . . .

NAÏS.

Il est tems que vous quittiés ces lieux. . .

NEPTUNE.

Quoi, sans savoir . . .

NAÏS.

Ici je ne ſuis point tranquille,
Je vous l'ai déja dit : allés. Dans cet aſile
L'aſpect d'un inconnu bleſſeroit tous les yeux.
(Elle l'entraîne hors du théâtre.)

SCÊNE II.

NAÏS, *ſeule.*

DOis-je le croire? ah, Dieux! ... Fuyés triſtes allarmes :
Sur le plus tendre cœur c'eſt régner trop long-tems.
Laiſſés-moi goûter tous les charmes.
Des nouveaux tranſports que je ſens.
Ces rapides traits de flâme
Qui trïomphent, malgré nous,
Amour, ſont les traits les plus doux
Que tu peux lancer dans notre âme.
Quoi, dans l'heureux inſtant de cet aveu flateur,
Qui ſemble me donner une nouvelle vie,
Ma bouche ne m'a point trahie,
Et je puis, ſans danger, aſſûrer mon bonheur!
Ces rapides traits de flâme
Qui trïomphent, malgré nous,

Amour, ſont les traits les plus doux
Que tu peux lancer dans notre âme.

SCÊNE III.

TÉLÉNUS, NAÏS.

TÉLÉNUS.

MA jalouſe tendreſſe a dû vous allarmer :
Voyés-moi deſormais d'un œil plus favorable ;
Des ſoins plus doux vont m'animer.
Je ſens que pour ſe faire aimer,
Il faut ſavoir ſe rendre aimable.

NAÏS.

La jalouſie a des fureurs
Qui peuvent nous paroître à craindre ;
Mais ſes tourments & ſes erreurs
Sont des maux qu'on ne ſauroit plaindre.
Ceſſés d'être jaloux, vous ferés plus heureux.

TELÉNUS.

C'en eſt fait... Mais que vois-je? une gaîté nouvelle :
Ranime tous vos traits, & ſe peint dans vos yeux.

NAÏS.

Pourroit-il pénétrer ?...

TÉLÉNUS.

A mes ſoins amoureux
Vais-je vous trouver moins rebelle?

Non, je ne ſerai plus inquïet, ni jaloux.
Je verrai mes rivaux ſans trouble & ſans couroux.
Du divin Tiréſie ils viennent tous apprendre
Le deſtin qu'ils doivent attendre ;
Mais mon cœur ne connoît d'autre oracle que vous.

NAÏS.

(*à part.*)

Je dois voir Tiréſie.... on pourroit le ſurprendre.
(*en partant.*)
Je doute qu'il céde à leurs vœux.

TÉLÉNUS, *qui la retient.*

D'une âme trop ſenſible excuſés la foibleſſe.
Ne craignés plus de ma tendreſſe
Ces éclats, toûjours odïeux.
Mais ce jeune étranger, qu'on a vu dans nos jeux...
Ah! ſi mon ſort vous intereſſe...

NAÏS.

Non, vous ne ſerés plus inquïet, ni jaloux.
Vous verrés vos rivaux ſans trouble & ſans couroux.

(*Elle s'échappe & elle entre dans la grotte de* TIRÉSIE.)

SCÊNE IV.

TÉLÉNUS, *seul.*

ELle rit du trait qui me blesse.
Ah, je sens ma fureur prête à se rallumer! ...
Cessés, soupçons jaloux, cessés de m'allarmer.
J'ai vu dans les regards de l'objet que j'adore
Des présages flateurs, qui doivent vous calmer.
L'amour sembloit les animer
Du même feu qui me dévore.
Son cœur, s'il n'aime pas encore,
Est, du-moins, sur le point d'aimer.

Cessés, soupçons jaloux, &c.

SCÈNE V.

ASTÉRION, *Suite de* BERGERS, *de* BERGERES *&* *de* PASTRES, TÉLÉNUS, *Suite de* PEUPLES.

ASTÉRION.

Les ennuis de l'incertitude
Sont le ſupplice le plus rude
Des tendres amants.
Que ce jour enfin nous éclaire :
Apprenons ce qu'il faut que notre amour eſpere
De nos ſoins & de nos tourments.
Les ennuiś de l'incertitude
Sont le ſupplice le plus rude
Des tendres amants.

TÉLÉNUS.

Un doux eſpoir flate mon âme,
Et je ſens qu'il ranime un deſir curïeux.
Mon cœur croira jouïr des biens qu'attend ma flâme,
Si l'avenir les révele à mes vœux.

ASTÉRION.

Tendres Bergers, troupe heureuſe & cherie,
Le divin Tiréſie

A l'attrait

A l'attrait de vos jeux ne résista jamais.
Nos exploits dans vos champs ont ramené la paix :
A votre tour secondés notre envie.

Chantés ; que vos accords brillent dans ce séjour :
Que les fleurs sous vos pas y paroissent éclore :
Qu'on n'y respire que l'amour,
Et les plus doux parfums de Flore.

BALLET FIGURÉ.

(*Les Bergers, qui portent des corbeilles remplies de fleurs, les répandent sur le devant de la grotte de* TIRÉSIE.)

ASTÉRION, & le CHŒUR de BERGERS.

O Tirésie ! écoutés-nous.
Venés ; à nos hautbois, à nos tendres musetes
Unissés vos chants les plus doux.

ASTÉRION, seul.

Du beau jour qui nous luit vous n'êtes point jaloux.
Une douce gaîté regne aux lieux où vous êtes ;
Il semble que les Dieux l'enchaînent près de vous.

Avec le CHŒUR.

O Tirésie ! écoutés-nous.
Venés ; à nos hautbois, à nos tendres musetes
Unissés vos chants les plus doux.

SCÈNE VI.

TIRÉSIE, NAÏS, *Suite de* TIRÉSIE, TÉLÉNUS, *Suite*, ASTÉRION, *Suite de* BERGERS, *de* BERGERES *& de* PASTRES.

TIRÉSIE, à NAÏS, ſur le bras de laquelle il eſt appuyé.

LA voix des plaiſirs m'appelle,
Ceſſés, ceſſés de m'arrêter.
La voix des plaiſirs m'appelle :
Eh ! pourquoi lui réſiſter ?
Le cœur ne doit écouter qu'elle.
(*Aux Bergers.*)
Reprenés vos concerts charmants.
Chantés, rïés ſans-cèſſe,
Aimable jeuneſſe,
Joüiſſés de votre printems.
Cédés à la tendreſſe,
Aimés, le tems prèſſe :
Connoiſſés le prix des beaux ans.

CHŒUR de la ſuite de TIRÉSIE.

Chantés, rïés ſans-cèſſe,

Aimable jeunesse,
Jouïssés de votre printems.
Cédés à la tendresse;
Aimés, le tems prêsse,
Connoissés le prix des beaux ans.

(*Pendant ce Chœur*, TIRÉSIE & NAÏS *vont s'asseoir sur un lit de mousse, qui est placé à l'un des côtés du Théâtre.*)

TIRÉSIE.

De votre bonheur extrême
Ménagés un doux souvenir.
Je crois rajeunir,
En songeant à l'âge où l'on aime.
Pour un cœur qui sait en jouïr,
Le présent, l'avenir,
Le pâssé même,
Tout est plaisir.

CHŒUR de la suite de TIRÉSIE.

Chantés, riés sans-cêsse, *&c.*

(*Les Bergers & les Bergeres forment un Ballet autour de* TIRÉSIE.)

TIRÉSIE.

D'un voile épais mes yeux pour toujours sont couverts:
Mais Jupiter m'éclaire, il soûtient mon courage,
Et sa faveur me dédommage

Du ſpectacle de l'univers.
Mes ans, ſans m'accâbler, s'écoulent d'âge en âge,
J'ai préſents tous les tems, tous les êtres divers :
Des peuples amoureux qui volent dans les airs
J'entends, j'explique le langage;
L'avenir, pour moi ſans nüage,
Se peint dans leurs tendres concerts.
Venés tous, venés apprendre
Le ſort qu'auront vos ſoupirs.

Ouvrés-moi votre cœur, le mien à vous entendre
Retrouve encor le charme des deſirs.
Je plains les maux d'une âme tendre,
Et je partage ſes plaiſirs.
Venés tous, venés apprendre
Le ſort qu'auront vos ſoupirs.

(*On danſe autour de* TIRÉSIE.)

UNE BERGERE, à TIRÉSIE.

Au berger que j'adore
Je parle, ou penſe tout le jour :
Du ſoir au lever de l'aurore,
Son image encore
Occupe & flate mon amour.
Je ne demande point s'il deviendra volage,
De ſon cœur tout doit m'aſſûrer;

Mais ne puis-je pas espérer
De l'aimer encor davantage ?

TIRÉSIE.

Non, non, vous jouïssés du bonheur le plus doux.
Rendés grâce à l'amour, il a tout fait pour vous.

BALLET FIGURÉ.

(*Une jeune bergere veut s'approcher de* TIRÉSIE, *elle en est écartée par deux pastres, qui lui coupent le chemin, & qui veulent se faire écouter avant elle; les bergers les éloignent, elle approche, & elle chante la musete suivante.*)

UNE JEUNE BERGERE, à TIRÉSIE.

Je ne sais quel ennui me prêsse :
Est-ce une peine ? est-ce un plaisir ?

Je ne vois plus, sans rougir,
Un berger, qui me suit sans-cêsse :
Il m'inquïete & m'interesse,
Je le crains, je soupire, & je ne puis le fuir :

Dites-moi d'où naît ma foiblesse ;
Mais gardés-vous de m'en guérir.

TIRÉSIE.

Ne craignés point d'entendre
L'heureux berger pour qui vous soupirés.

Ce n'eſt que d'un cœur auſſi tendre
Qu'une bergere doit apprendre
Le ſecret que vous ignorés.

LA JEUNE BERGERE.

Si c'eſt à lui de m'en inſtruire,
Ah, qu'à-propos vous m'inſpirés!
Je le vois : je cours le lui dire.

BALLET FIGURÉ.

(*Pas de deux du jeune berger & de la jeune bergere ; les bergers, les paſtres & les bergeres s'y joignent, & il devient général.*)

ASTÉRION, à TIRÉSIE.

Nous portons les plus rudes chaînes,
L'inſenſible Naïs doit-elle aimer un jour ?
Dûſſiés-vous redoubler nos peines ;
Apprenés-nous le ſort que nous garde l'amour.

(*Les Oiſeaux, qui ſont ſous les feuillages, paroiſſent s'éveiller.*)

TIRÉSIE.

Tout ſemble s'animer ſur ce naiſſant feuillage.
Heureux Oiſeaux! l'amour veut-il vous inſpirer?
Quels ſons brillants !... quel doux ramage!
L'avenir va ſe déclarer.

(Les oiſeaux chantent : ils prononcent l'oracle : TIRÉSIE *l'explique, à meſure qu'ils le prononcent.*)

TIRÉSIE.

Ciel ! qu'entends-je ? . Briſés vos fers !
Craignés du Dieu des mers
La fureur vengereſſe.....
Quel eſt cet inconnu ? Quel éclat ! Quels concerts !
Sous ſes pas quels gouffres ouverts ! . .
Naïs, un doux penchant te preſſe,
L'amour triomphe & je te perds.

(Il rentre dans ſa grotte.)

SCÈNE VII.

NAÏS, TÉLÉNUS, ASTÉRION, SUITES, BERGERS, &c.

CHŒUR.

QUel oracle ! o Neptune ! o fatale colere.

(Les bergers ſortent.)

SCÈNE VIII.

NAÏS, TÉLÉNUS, ASTÉRION, SUITE.

De coupables concerts ont armé le couroux
D'un Dieu, redoutable & févere.

TÉLÉNUS, à ASTÉRION.

Courons fléchir ce Dieu jaloux.
En verfant tout le fang d'un rival téméraire.

TÉLÉNUS, ASTÉRION, CHŒUR.

Aux armes, vengeons-nous:
Que la mort & la flâme volent:
Qu'elles l'immolent
A notre couroux.

(NAÏS fort pendant ce Chœur.)

FIN DU SECOND ACTE.

ACTE

ACTE TROISIEME.

Le devant du théâtre repréſente un Promontoire, dont la mer baigne le pié. Les deux côtés ſont couverts d'arbres. La perſpective du fond, eſt la mer & l'horiſon. On y voit à la rade les barques qui ont paru aux Jeux Iſthmiques. L'Acte commence ſur la fin de la nuit, & le théâtre s'éclaire d'une maniere inſenſible pendant la premiere Scêne.

SCÊNE PREMIERE.

NEPTUNE, deguiſé.

LA jeune Nimphe que j'adore
Paroît, au jour naiſſant, dans cet heureux ſéjour.

Elle ſemble y prêter des charmes à l'aurore,
Dont elle chante le retour.

Doux moments, hâtés-vous de naître,
Obſcure Nuit, fais place au jour:
En te prêſſant de diſparoître,
Pour la premiere fois favoriſe l'amour.

Hélas! qu'une ſincerê flâme
Porte de trouble dans une âme!
Je crains, j'eſpere tour-à-tour...

Mais déja l'horiſon s'éclaire:
Les heures, que le tems conduit,
Du jour vont ouvrir la barrière:
L'air ſe colore, l'ombre fuit.

Le feu des aſtres de la nuit
Cede à l'éclatante lumière
De l'aſtre brillant qui les ſuit.

Le jour paroît, hélas! ſans la Nimphe que j'aime:
Je n'entends point encor les accents de ſa voix!..
Ah, mon cœur me l'annonce! elle vient... je la vois.

SCÊNE II.

NAÏS, NEPTUNE, *deguisé.*

NEPTUNE.

O Ciel! d'où naît ce trouble extrême?

NAÏS.

Fuyés, étranger malheureux!
Cédés à mes vives allarmes.
Vos chants ont prophané nos jeux:
On vous menace, on court aux armes.
Vous avés contre vous les mortels & les Dieux.

NEPTUNE.

Que l'univers entier me déclare la guerre,
Je ne crains que votre rigueur.
Ah! si d'un doux espoir vous flatiés mon ardeur,
Le Dieu qui lance le tonnerre
Descendroit en vain sur la terre
Pour me disputer votre cœur.

NAÏS.

Que peuvent d'un mortel la force & le courage,
Contre mille ennemis, armés pour son trépas?
Partés ... éloignés-vous ... jeune étranger, hélas!

Quel ſort fatal ſur ce rivage
A pu guider vos pas !

NEPTUNE.

L'amour me guide, & ſa flâme m'éclaire:
J'aſpire au ſeul bonheur digne de me charmer.
Mon cœur connoît le prix du retour qu'il eſpere,
Par le plaiſir qu'il goûte à vous aimer.

NAÏS.

Hélas! que les plus douces chaînes
Coûtent de pleurs & de ſoûpirs!
L'amour s'offre à nos cœurs, précédé des plaiſirs,
Il n'eſt ſuivi que par les peines.

***CHŒUR**, derriere le théâtre.*

Allumés-vous, rapides feux,
Volés, ſecondés notre rage!

NEPTUNE.

Ciel! d'où partent ces cris affreux?

NAÏS.

Ils ſont le ſignal du carnage.

SCÈNE III.

(*On découvre ſur la mer des vaiſſeaux qui voguent vers les barques légeres qui ont paru aux Jeux Iſthmiques, & qui ſont à la rade.* TÉLÉNUS & ASTÉRION, *avec leur ſuite, y paroiſſent armés & avec des torches ardentes.*)

NEPTUNE, NAÏS *ſur le devant du théâtre,* TÉLÉNUS, ASTÉRION, & *leur ſuite ſur leurs vaiſſeaux dans la perſpective.*

PROTÉE & PALÉMON, *deguiſés, ſur les barques de* NEPTUNE, *qui ſont à la rade.*

TÉLÉNUS, ASTÉRION.	PALÉMON, PROTÉE.	NEPTUNE, NAÏS.
CHŒUR.	CHŒUR.	Quels tranſports ïeux !
		NAÏS.
Allumés-vous, rapides feux,	Tremblés, audacïeux !	Quelle vengeance !
Volés, ſecondés notre rage !	Fuyés, craignés Neptune ; il eſt ſur ce rivage.	NEPTUNE.
		Quel outrage !

(TÉLÉNUS & ASTÉRION *abordent les vaiſſeaux de* NEPTUNE : *quand ils ſont prêts à y mettre le feu, la mer ſe ſouleve.*)

TÉLÉNUS, ASTÉRION.	PALEMON, PROTÉE.
CHŒUR.	CHŒUR.
Allumés-vous, rapides feux,	Que les flots impétuëux
Volés, secondés notre rage ! ...	Éteignent votre rage.
Ciel ! o Ciel ! quel sort rigoureux !	Périssés tous, audacïeux !

(Les vagues engloutissent les vaisseaux de TÉLÉNUS *& d'*ASTÉRION *; la mer reste agitée, & ne s'appaîse qu'insensiblement.)*

SCÈNE IV.

NEPTUNE, *deguisé;* NAÏS.

NEPTUNE.

LEs flots les ont punis.

NAÏS.

Quel suplice ! Je tremble.
L'oracle, leur destin & la mer en fureur
Annoncent à mon cœur
Tous les malheurs ensemble.

NEPTUNE.

Que mon amour est allarmé
Des pleurs que je vous vois répandre!
Ne donnés-vous une pitié si tendre
Qu'au malheur d'un rival aimé?

NAÏS.

Quittés ce funeste rivage :
Ne voyés point mes pleurs, cachés-moi vos regrèts.
J'ai besoin de tout mon courage :
Il faut nous séparer, pour ne nous voir jamais.

NEPTUNE.

Armés-vous contre moi d'une rigueur nouvelle,
Otés-moi jusqu'au moindre espoir ;
Mais, du-moins, laissés-moi, cruëlle !
La douceur de vous voir.

NAÏS.

Chaque instant accroît mes allarmes..
Oubliés de foibles attraits.
Que le ciel, touché de mes larmes,
Fasse couler vos jours dans la plus douce paix.
Adieu : séparons-nous, pour ne nous voir jamais.

NEPTUNE.

Dieux ! quel mélange de tendresse,
De rigueur & d'effroi !

NAÏS.

Vous me verriés moins de foiblesse,
Si je ne tremblois que pour moi.
Un oracle fatal . . . je crois toûjours l'entendre !
Je crois voir sous nos pas mille gouffres ouverts...
Quel secours pourroit nous défendre
De la fureur du Dieu des mers ?

NEPTUNE.

Ciel ! vous craignés Neptune, & ce Dieu vous adore ;
C'eſt tout ce que l'oracle a pu vous déclarer...
Quoi, Nimphe, vous tremblés encore?

NAÏS.

Dieux ! Neptune !... A mon cœur il pourroit aſpirer ?
Ah ! fuyés, craignés ſa colere :
Par pitié pour moi, ſauvés-vous.
Que ne peut point un Dieu jaloux,
Contre un mortel, qu'on lui préfere ?

NEPTUNE.

Amour, tu termines nos maux !
Cedés au tranſport qu'il m'inſpire.
Terre, juſques dans ſon empire,
Ouvre un paſſage au Dieu des eaux !

(La terre s'ouvre ; NEPTUNE & NAÏS s'abîment. Le théâtre change ; il repréſente le Palais de Neptune.)

SCÊNE DERNIERE.

DIVINITÉS DE LA MER : NEPTUNE & NAÏS *qui paroiſſent dans le fond, à la fin du Chœur ſuivant.*

CHŒUR.

COulés, ondes, mêlés votre plus doux murmure
A nos accords harmonieux.
Dans ce ſéjour déliciëux
Plaiſirs, faites régner cette volupté pure
Que vous répandés dans les cieux.

NAÏS, NEPTUNE.

Que je vous aime !
De l'Amour même
Je crois entendre la voix.
Quels tranſports !... quel bien ſuprême !
Rediſons, mille & mille fois,
Que je vous aime !

NEPTUNE.

Une Divinité nouvelle
Embellit ce ſéjour.
Sous mille traits rïants, que les jeux & l'amour
Sans-cèſſe volent autour d'elle.

CHŒUR.

Une Divinité nouvelle
Embellit ce séjour.

NEPTUNE, *seul.*

Que ma Cour à ses yeux fasse éclater son zele:
(*avec le* CHŒUR.)
Sous mille traits rïants que les jeux & l'amour
Sans-cèsse volent autour d'elle.

(*Le Divertissement est formé par les Divinités des mers.*)

NAÏS.

Ne quittés plus l'Amour, Plaisirs, lancés ses traits,
Faites briller ses feux, trïomphés de ses peines.
Vous lui devés tous vos attraits;
Qu'il vous doive, à son tour, la douceur de ses chaînes;
Mais gardés-vous de les brîser jamais.

On danse.

Ne quittés plus, &c.

NEPTUNE.

Cessés de ravager la terre,
Aquilons, aux mortels ne faites plus la guerre:
Éole, enchaîne leur fureur:
Zéphirs, que votre douce haleine

Répande dans les airs & sur l'humide plaine
Les charmes de la paix qui regne dans mon cœur.

(L'Opera finit par une Contre-danse générale.)

F I N.

APPROBATION.

J'Ai lu, par ordre de Monseigneur le Vice-Chancelier, *NAÏS*, *Ballet-Héroïque, avec un Prologue*, & je n'y ai rien trouvé qui doive en empêcher l'Impression. A Versailles, ce dix-sept Juin 1764.

DEMONCRIF.

PRIVILEGE DU ROI.

LOUIS par la grace de Dieu, Roi de France & de Navarre : A nos amés & féaux Conseillers, les Gens tenans nos Cours de Parlemens, Maîtres des Requêtes ordinaires de notre Hôtel, Grand'Conseil, Prévôt de Paris, Baillifs, Sénéchaux, leurs Lieutenans Civils, & autres nos Justiciers qu'il appartiendra, Salut. Notre très-cher & bien amé le Sieur LOUIS-ARMAND-EUGENE DE THURET, ci-devant Capitaine au Régiment de Picardie ; Nous a fait représenter que, par Arrêt de notre Conseil du 30 Mai 1733, Nous avons revoqué le Privilege qui avoit été accordé au Sieur le Comte & ses Associés, pour raison de l'Académie Royale de Musique, ses circonstances & dépendances, & rétabli ledit Privilege en faveur dudit Sieur Exposant, pour en jouir par lui, ses Associés, Cessionnaires & ayans-cause, aux charges & conditions portées par ledit Arrêt, pendant le temps & espace de vingt-neuf années, à compter du premier Avril de ladite année 1733, & que pour l'exploitation dudit Privilege, ledit Sieur Exposant se trouve obligé de faire imprimer & graver les Paroles & la Musique des Opera qui doivent être représentés ; mais que pour cet effet il a besoin de notre Permission & des Lettres qu'il Nous a très-humblement fait supplier de lui accorder. A CES CAUSES, Voulant favorablement traiter ledit Exposant : Nous lui avons permis & permettons par ces Présentes, de faire imprimer & graver *les Paroles & Musique des Opera, Ballets & Fêtes, qui ont été ou qui seront représentés par l'Académie Royale de Musique, tant séparément que conjointement*, en tels Volumes, forme, marge, caractere, & autant de fois que bon lui semblera, & de les faire vendre & débiter par tout notre Royaume, pendant le temps de vingt-neuf années consécutives, à compter du jour de la date desdites Présentes. Faisons défenses à toutes personnes de quelque qualité & condition qu'elles soient d'en introduire d'Impression ou Gravures Etrangeres dans aucun lieu de notre obéïssance : comme aussi à tous Imprimeurs, Libraires, Graveurs, Imprimeurs, Marchands en Taille-Douce, & autres, de graver, ni faire graver, d'imprimer, ou faire imprimer, vendre, faire vendre, débiter ni contrefaire lesdites Impressions, Planches & Figures de Paroles, de Musique des Opera, Ballets & Fêtes, qui ont été ou qui seront représentés par ladite Académie Royale de Musique, tant séparément que conjointement, en tout ni en partie, sans la permission expresse & par écrit dudit Sieur Exposant, ou de ceux qui auront droit de lui, à peine de confiscation tant des Planches & Figures que des Exemplaires contrefaits, & des Ustensiles qui auront servi à ladite contrefaçon, que Nous entendons être saisis en quelque lieu qu'ils soient trouvés, de dix mille livres d'amende contre chacun des Contrevenans, dont un tiers à Nous, un tiers à l'Hôtel-Dieu de Paris, l'autre tiers audit Sieur Exposant, & de tous dépens, dommages & intérêts, à la charge que ces Présentes seront enregistrées tout au long sur le Registre de la Communauté des Libraires & Imprimeurs de Paris, dans trois mois de la date d'icelles; que la Gravure & Impression desdites Paroles & Opera sera faite dans notre Royaume & non ailleurs, en bon papier & beaux caractéres, conformément aux Réglemens de la Librairie, & notamment à celui du 10 Avril 1725; & qu'avant de l'exposer en vente, les Manuscrits gravés ou imprimés seront remis dans le même état où l'Approbation y aura été donnée ès mains de notre très-cher & féal Chevalier Garde des Sceaux de France, le Sr Chauvelin; qu'il en sera remis deux Exemplaires de chacun dans notre Bibliotheque publique, un dans celle de notre Château du Louvre, & un dans celle de notre très-cher & féal Chevalier Garde des Sceaux de France, le Sr Chauvelin. Le tout à peine de nullité des Présentes; du contenu desquelles Vous mandons & enjoignons de faire jouir ledit Sieur Exposant, ou ses Ayans-cause, pleinement & paisiblement sans souffrir qu'il leur soit fait aucun trouble ou empêchement. Voulons que la copie desdites Présentes, qui sera imprimée tout au long au commencement ou à la fin dudit Ouvrage, soit tenue pour duement signifiée, & qu'aux copies collationnées par l'un de nos amés & féaux Conseillers & Secretaires, foi soit ajoutée comme à l'Original. Commandons au premier notre Huissier ou Sergent, de faire pour l'exécution d'icelles tous Actes requis & nécessaires, sans demander autre permission, & nonobstant Clameur de Haro, Charte Normande, & Lettres à ce contraires. CAR tel est notre plaisir. DONNE' à Fontainebleau, le douzieme jour du mois de Novembre, l'an de Grace mil sept cent trente-quatre, & de notre regne le vingtieme : *Et plus bas*, Par le Roi en son Conseil. *Signé* SAINSON, avec paraphe.

Registré sur le Registre VIII. de la Chambre Royale des Libraires & Imprimeurs de Paris, N°. 797. fol. 779. conformément aux anciens Réglemens, confirmés par celui du 28 Février 1723. A Paris, le 23 Novembre 1734.

G. MARTIN, *Syndic.*

www.ingramcontent.com/pod-product-compliance
Lightning Source LLC
LaVergne TN
LVHW010002230826
846092LV00002B/612